Der Kunst-Ratgeber
Wasser-
impressionen

Karl-Heinz Morscheck

Der Kunst-Ratgeber
Wasser-impressionen

ENGLISCH VERLAG

Die Deutsche Bibliothek - CIP-Einheitsaufnahme
Wasserimpressionen / Karl-Heinz Morscheck. -
Wiesbaden : Englisch, 2002
(Der Kunst-Ratgeber).
ISBN 3-8241-1204-3

© by Englisch Verlag GmbH, Wiesbaden 2002
ISBN 3-8241-1204-3
Alle Rechte vorbehalten. Nachdruck, auch auszugsweise, verboten.
Herstellung: Michael Feuerer
Printed in Spain

Karl-Heinz Morscheck studierte von 1972–78 an der Hochschule für bildende Kunst in Hamburg. Seit seinem Abschluss ist er als freischaffender Künstler tätig und unterrichtet privat und an Volkshochschulen. U. A. fanden Ausstellungen seiner Werke 1985 in Basel und 1991 in Göteborg zum Thema Landschaften statt.
Beim Englisch Verlag erscheinen seit 1990 regelmäßig Anleitungen zur Malerei von ihm.

Das Werk und seine Vorlagen sind urheberrechtlich geschützt, jede Verwertung oder gewerbliche Nutzung der Vorlagen und Abbildungen ist verboten und nur mit ausdrücklicher Genehmigung des Verlages gestattet. Dies gilt insbesondere für die Nutzung, Vervielfältigung und Speicherung in elektronischen Systemen und auf CDs. Es ist deshalb nicht erlaubt, Abbildungen und Bildvorlagen dieses Buches zu scannen, in elektronischen Systemen oder auf CDs zu speichern oder innerhalb dieser zu manipulieren.

Die Ratschläge in diesem Buch sind vom Autor und dem Verlag sorgfältig erwogen und geprüft, dennoch kann eine Garantie nicht übernommen werden. Eine Haftung des Autors bzw. des Verlages und seiner Beauftragten für Personen, Sach- und Vermögensschäden ist ausgeschlossen.

Inhaltsverzeichnis

Vorwort 7

Anmerkungen zum Material 8

Wasserdarstellungen in Zeichnung und Malerei . 11

Wasser malen und zeichnen, aber wie? 11

Bildbeispiele 12
Tropfen 12
    Wassertropfen 12
    Tautropfen 13

Regen 14
    Regenschauer über Land 14
    Starker Regen 15
    Garten im Regen 18

Pfützen und Rinnsale 20
    Überschwemmtes Land 20
    Waldquelle 22

Fließendes Wasser 24
    Kleiner Fluss 24
    Stromschnellen 25
    Wasserfallstudie 28
    Großer Wasserfall 29
    Kleine Insel 32

Stehende Gewässer 34
    Moorgewässer 34
    Seenlandschaft 35
    Bergsee 36
    Klares Wasser 38
    Nächtlicher See 40
    Teich im Wald 42

Bebaute Gewässer 43
    Hafenszene 43
    Häuser am See 44
    See und Stadt 45
    Häuser am Fluss 46

Wellen 48
    Sanfte Wellen 48
    Brandung am Strand 50
    Mondnacht auf dem Meer 52
    Brandung an der Felsküste 53

Das weite Meer 54
    Wattlandschaft 54
    Segelboote 58
    Zwei Fischer 59
    Großes Segelschiff 60
    Eismeer 62

Vorwort

Wasserimpressionen – was kann das alles bedeuten? Wasser kann ja unter verschiedenen Aspekten wahrgenommen und angesehen werden. Hier geht es hauptsächlich um die bildliche Darstellung dessen, was wir eindrucksvoll finden, was eine bestimmte Wirkung auf uns hat. Wasser bietet natürlich unzählige Motive, die die Beschäftigung mit dem Sujet interessant und reizvoll macht. Wasser kommt in fast jeder Landschaftsdarstellung vor. Auch hier entfaltet es seine prägende Wirkung.

In diesem Band beginnt alles mit den Wassertropfen und endet beim Meer. Das ist der rote Faden, der sich auch durch die Bildbeispiele zieht. Meist wird Wasser nicht für sich allein dargestellt, sondern im Zusammenhang mit Objekten der Erde, mit Gestein und Vegetation. Dabei kommen diverse Techniken und Materialien zur Anwendung. Die Bildbeispiele sollen hauptsächlich als Anregung dienen und dazu ermuntern, sich näher mit dem Wasser, vielleicht nicht nur als Bildobjekt zu beschäftigen. Dazu gibt es viele Hinweise darauf, wie Wasser in verschiedenen Situationen zu malen oder zu zeichnen ist.

Ich wünsche Ihnen viel Freude und Erfolg beim Zeichnen und Malen von Wasser.

Anmerkungen zum Material

Bleistift und Graphit

Einige Zeichnungen in diesem Band wurden mit Bleistiften gestaltet. Dazu waren die mittleren Härtegrade HB und 2 B eine gute Auswahl. Sie eignen sich besonders für Skizzen oder Studien auch auf größeren Formaten. Dabei reicht die Skala von leichten bis hin zu intensiven Grautönen. Genaue Linien sind ebenfalls kein Problem, gleich, ob sie kräftig oder nur leicht ausfallen sollen.

Mit den größeren Graphitstiften lässt sich dagegen anders arbeiten. Mit ihnen lassen sich sehr tiefe Grautöne erreichen. Für feine Linien sind sie weniger geeignet. Der Strich wird eher kräftig ausfallen und kommt einer schnellen und beherzten Art des Zeichnens besonders entgegen. Zusätzlich können intensive malerische Effekte erzielt werden. Graphitstifte verlangen meist nach größeren Bildformaten. Die Untergründe können relativ grob sein und unterschiedliche farbliche Grundtönungen zeigen.

Die härteren Kohlesorten eignen sich dagegen gut für mehr zeichnerische Verfahren. Sie ermöglichen einen genauen Strich und große Intensität der Flächen. Starke Kontraste lassen sich leicht erarbeiten, so zum Beispiel Gegenlichtsituationen.

Schwarze Kreiden

Mit ihnen lässt sich ganz ähnlich arbeiten wie mit den Kohlestiften. Ihr Schwarz ist aber noch kräftiger. Damit sind sie besonders für kontrastreiche Darstellungen geeignet. Mit Kohle und schwarzer Kreide lassen sich Wellenbewegungen gut herausarbeiten, wobei eine Gegenlichtsituation besonders treffend erscheint.

Beide Materialien lassen sich leicht korrigieren und ermöglichen gleichermaßen eine suchende und eine sehr bestimmte Arbeitsweise. Zum Schluss sollten die Arbeiten ausreichend fixiert werden, damit die Zeichnungen nicht verschmieren und abfärben.

Zeichenkohle

Zeichenkohle wurde in einigen Bildbeispielen verwendet. Es gibt sie in einer sehr weichen Form, die eher für eine malerische Anwendung steht. Durch Verwischen lassen sich weiche Übergänge erzielen.

Für beide Materialien ergeben sich unterschiedliche Korrekturmöglichkeiten. Für die weiche Zeichenkohle fallen sie noch einigermaßen günstig aus. Die härteren Materialien haben alle noch einen Ölzusatz, der ein Wegradieren schwieriger macht. Missliche Linien und Partien werden daher besser noch einmal überarbeitet, selbst wenn sie am Ende dunkler ausfallen als ursprünglich beabsichtigt. Arbeiten mit diesen Materialien müssen zum Schluss fixiert werden.

Weiße Kreiden

Mit weißen Kreiden lässt sich ganz ähnlich zeichnen wie mit den schwarzen. Diese Stifte haben annähernd die gleiche Konsistenz. Auf dunkleren Zeichengründen lassen sich sehr effektvolle Ergebnisse erzielen. Hierbei kann es beim Weiß bleiben. Es wirkt auf einem dunklen Untergrund äußerst kontrastreich. Wellenbewegungen können sehr treffend dargestellt werden, wobei die Betonung auf den Lichtstellen liegt. Auch hier ist die Gegenlichtposition besonders vorteilhaft. In farbigen Zeichnungen ist weiße Kreide meist unentbehrlich. In Wasserdarstellungen können Schaumkämme ins Bild gebracht werden und ganz allgemein lichte Stillen. Dunkle Farbtöne lassen sich aufhellen.

Die Korrekturmöglichkeiten sind für weiße Kreiden, je nach Ausführung, unterschiedlich, aber meist begrenzt. Bei unpassenden Linien ist Überzeichnen die beste Möglichkeit. Auch bei weißen Kreiden wird eine abschließende Fixierung der Arbeit notwendig.

Pastellfarben

Pastellfarben kommen in diesem Band ausführlich zur Verwendung, weil sich diverse Arten der Wasserbewegung hervorragend damit ins Bild bringen lassen. Rasche Strömung und die Bewegung kleinerer und größerer Wellen können relativ leicht und treffend dargestellt werden. Dabei erfolgt eine differenzierte Abstufung der Farbtöne wie von selbst. Pastellfarben eröffnen einen breiten Anwendungsbereich, der von exakter Zeichnung bis zur hervorragenden Malerei reicht.

Das gilt auch für Wasserdarstellungen, die mit diesem Material zum Teil wesentlich leichter auszuführen sind als mit Wasser verdünnbaren Farben oder mit Öl. Das hat auch mit den Möglichkeiten der Korrektur zu tun, die hier länger erhalten bleiben.

Für das Thema Wasser eignen sich eher Untergründe mit einem kühlen Farbton, z. B. Grün, Grau oder Blau. Manchmal kann hier ein großer Teil des Untergrundes so

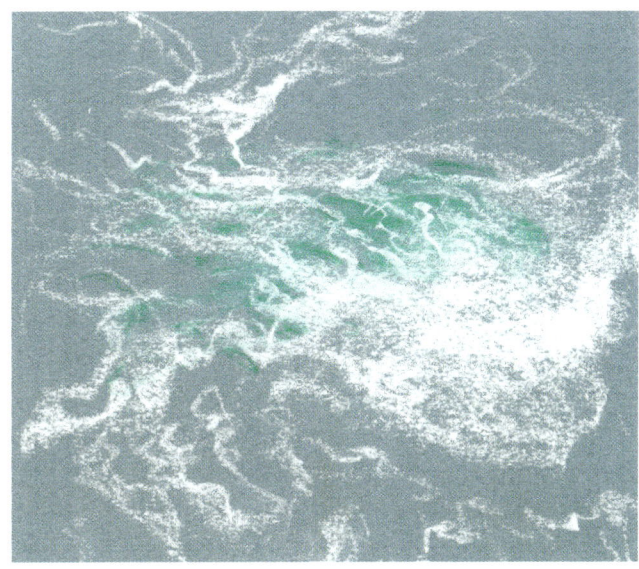

stehen bleiben, ohne übermalt zu werden. Weiß kommt dann besonders gut zur Geltung. Alle Pastellarbeiten sollten am Ende fixiert werden.

Acrylfarben

Acrylfarben eignen sich für die Darstellung von Motiven mit Wasser besonders gut für Transparenz. Klares, durchsichtiges Wasser ist nicht leicht sichtbar zu machen. Mit Acryl gelingt dies aber recht gut, weil eine einmal aufgetragene Farbschicht ohne weiteres übermalt werden kann, ohne sich aufzulösen. So lässt sich Schicht für Schicht übereinander malen. Der Farbauftrag sollte jeweils möglichst dünn ausfallen, um die transparente Wirkung zu erhalten und noch zu steigern. Natürlich lässt sich mit Acryl auch sehr „kräftig" malen. Es kommt eben auf die Absicht und auf das Motiv an.

Anmerkungen zum Material

Motiv sollte schon sehr klar umrissen sein und in einer, wenn vielleicht auch knappen Vorzeichnung auf dem Untergrund stehen, damit lästige Korrekturen vermieden werden können. Ölfarben lassen sich nicht einfach wegradieren und das Wegwischen unpassender Flächen mit Lösungsmitteln ist eher unangenehm. Übermalungen sind möglich, kosten aber Zeit.

Schwarze Tusche
Mit Pinsel und Tusche lassen sich bei Wasserdarstellungen sehr gute Ergebnisse erzielen. Der Pinsel erlaubt weiche, fließende Flächen und Linien, die das Malen von Wellen leicht machen.

Aquarellfarben
Mit Aquarellfarben lassen sich ebenfalls gute Wasserdarstellungen erzielen. Diese Farben sind wegen ihrer anderen Pigmentzusammensetzung viel intensiver als Acrylfarben. Transparenz lässt sich auch hiermit herstellen, bleibt jedoch maltechnisch schwerer zu erreichen als mit Acryl. Dafür trocknen Aquarellfarben nicht so schnell. Für manche Darstellungen ist dies von Vorteil.

Ölfarben
Einige Beispiele sind mit Ölfarben gearbeitet. Für die meisten Motive lassen sie sich optimal verwenden. Die Pigmente stehen für eine hohe Farbintensität und lassen sich sowohl aquarellhaft als auch pastos vermalen. Für die Wasserdarstellungen eignen sie sich hervorragend. Das Malen mit Ölfarben verlangt meist einige Vorarbeit. Das

Es bleibt allerdings eine Arbeit mit harten Kontrasten. Weiche Übergänge der Intensitäten sind nicht möglich, es sei denn, die Tusche würde sehr verdünnt.

Mischtechniken
Beim Malen und Zeichnen können verschiedene Materialien zusammen in einer Arbeit verwendet werden. Es kommt also zu Mischtechniken. Hier ergänzen sich die unterschiedlichen Materialeigenschaften zu einer insgesamt besseren Wirkung. Dafür gibt es viele Beispiele aus der Kunstgeschichte. Der englische Maler William Turner z.B. bearbeitete etliche Bildgründe zunächst mit Pastell und schuf so einen farbigen Hintergrund, auf dem er dann mit Aquarell weitermalte.

In diesem Band sind einige Beispiele mit Mischtechniken ausgeführt, so z.B. mit Pastell, Acryl und Aquarell (siehe z.B. S. 20 und S. 30).

Der kombinierte Gebrauch verschiedener Materialien eröffnet weitere Möglichkeiten, um zu einer besseren Wirkung zu kommen. Manche Motive lassen sich auch gerade dadurch einfacher ins Bild setzen. Die technische Eigenschaft des jeweiligen Materials verlangt natürlich Beachtung. So kann man mit Pastell auf Aquarell gut bestimmte Partien akzentuieren. Auf Acryl gelingt dies jedoch nicht. Umgekehrt lässt sich mit Acryl gut auf einem leicht fixierten Pastelluntergrund arbeiten.

Wasserdarstellungen in Zeichnung und Malerei

Die Darstellung von Wasser beginnt in der bildenden Kunst schon recht früh. So sind aus der Antike viele Beispiele überliefert, in denen Wasser eine Rolle spielt. Es sind dies hauptsächlich Motive aus der damaligen Seefahrt und Fischerei, häufig mit mythologischem Hintergrundgeschehen, z. B. die Argonauten. Die römische Zeit kennt bereits viele Landschaftsdarstellungen, in denen Wasserdarstellungen wichtig sind. Später wird es eher nebenbei behandelt und taucht mehr als Bestandteil einer Landschaft auf. Orte eines Geschehens werden durch das Vorhandensein von Wasser vollständig gemacht. Seit der Renaissance werden die Darstellungen anders. Wasser bekommt mehr Raum, mehr Eigenständigkeit. Die holländische Malerei begibt sich mit den Bildern Van de Veldes sogar ganz aufs Wasser. Hier entstehen sehr genaue Studien von Wellenbewegungen und Schiffen. Binnengewässer werden genauer und ausführlicher ins Bild gerückt. Insgesamt wird die Natur aufmerksamer betrachtet und erlangt als unerschöpfliches Reservoir von Bildmotiven Eigenständigkeit. Die Rolle des Wassers im Bild hat sich seitdem nicht grundsätzlich verändert. Heute kommen aber noch andere Aspekte dazu, die mit dem rabiaten Eingriff des Menschen in die natürlichen Zusammenhänge zu tun haben. Mit einem ökologischen Bewusstsein wird auch das Wasser ganz anders angesehen als mit einem vorwiegend von der Technologie bestimmten.

In der bildlichen Darstellung findet sich Wasser vorwiegend als Bestandteil von Landschaft wieder. Selten ist es alleiniges Bildmotiv, hat aber auch als solches seinen Reiz.

Wasser malen und zeichnen, aber wie?

Wasser gilt meist als ziemlich schwer darzustellen. Bereitet ruhiges Wasser schon Probleme, so erst recht eine sehr bewegte Oberfläche, in der die Energie von Strömung und Wind sichtbar werden soll. Aber das alles ist nicht ganz so schwer, wie es erst den Anschein hat. Eine ruhige Wasserfläche wird z. B. in der Zeichnung meist freigelassen. Bewegung verlangt dagegen mehr Aufmerksamkeit, vor allem aber eine konkrete Vorstellung von dem, was da geschieht. Wie entsteht z. B. eine Welle? Das physikalische Wissen ist hier durchaus nützlich. Die komplexen Bewegungen kommen natürlich nicht durch Theorie ins Bild, sondern durch entsprechendes Studien. Fehlt die direkte Anschauung, lassen sich sicher Fotos als Hilfsmittel heranziehen. Für die Darstellung allgemein gilt: großzügig herangehen, die ganze Fläche im Auge behalten, das Material, egal ob Pinsel oder Stift, locker handhaben! Wellenbewegungen sind fließend. So sollten auch die Handbewegungen sein. Details hebt man sich besser bis zum Schluss auf.

Bildbeispiele

In den folgenden Bildbeispielen werden einige Möglichkeiten vorgestellt, wie Wasser gezeichnet oder gemalt werden kann. Im Groben wird dabei eine Folge von Klein nach Groß, gewissermaßen vom Wassertropfen bis zum Ozean eingehalten. Stille Situationen wechseln mit sehr bewegten ab. Dabei kommen unterschiedliche Materialien zur Geltung, deren Anwendung zum jeweils gezeigten Beispiel genau erläutert wird.

Tropfen

Wassertropfen

Material
- *Zeichenkarton in Grau, 20 x 30 cm*
- *Bleistift*
- *Kreide in Weiß*

Anleitung

Regen kommt in kleineren und größeren Tropfen nieder, deren Form wir gewöhnlich kaum beachten. Die durchnässende Wirkung reicht uns völlig aus. Mit diesen Tropfen aber fängt alles an. Ihre Vielzahl sammelt sich in Rinnsalen und Pfützen, um dann über Gräben, Bäche und Flüsse ins Meer abzufließen. Einzelne Wassertropfen finden sich auf Fensterscheiben, an Gräsern, auf Blättern usw. Hier lässt sich der einzelne Tropfen in Ruhe anschauen.

Wie aber kann man ihn zeichnen? Das geht am besten auf einem getönten Untergrund. Dabei wird zunächst nur der Umriss knapp gezeichnet. Lichtreflexe machen ihn dann erst zu dem Gebilde, das wir auf dem Papier sehen wollen. So klein dieser Tropfen auch ist, er wirft einen Schatten. Der wird mit wenig Bleistifteinsatz unterhalb des Tropfens angedeutet. Erst so wird der Tropfen als räumlicher Wasserkörper sichtbar.

Tautropfen

Material
- Getöntes Zeichenpapier, 20 x 30 cm
- Bleistift
- Pastellfarben in Grün und Grau
- Kreide in Weiß
- Zeichenkohle

Anleitung

Es muss nicht immer regnen, um Wassertropfen entstehen zu lassen. Morgendlicher Tau benetzt die Vegetation zumeist zu Beginn eines Schönwettertages, vor allem im Herbst. Dabei entwickeln sich oft zauberhafte Anblicke. Spinnennetze werden durch die Ansammlung von Tautropfen auf einmal deutlich sichtbar, und Gräser und Blätter sind wie von Perlen besetzt.

Dieses Bildbeispiel zeigt im Ausschnitt eine Pflanze, die recht häufig anzutreffen ist. Der Frauenmantel zeichnet sich durch eine auffällige Blattform aus.

Die Blätter sind dabei so gestaltet, dass sie alle Feuchtigkeit zur Mitte hin sammeln. Die verdichtet sich hier zu einem dicken Tropfen, der in dieser Umgebung wie eine Perle aussieht.

Die Zeichnung wird sehr sparsam gehalten, und nur ein Blatt wird anschaulicher herausgearbeitet. Die Umgebung darf verschwommener erscheinen. Mit Pastell lassen sich die Grüntöne ins Bild bringen, mit der weißen Kreide der Wassertropfen. Schattierungen entstehen durch Zeichenkohle und Bleistift.

Regen

Regenschauer über Land

Material
- Zeichenpapier, 25,5 x 33 cm
- Graphitstift, dick

Anleitung

Dies ist ein Anblick, den jeder kennt. Dunkle Regenwolken ziehen übers Land und sorgen nicht nur für nasse Füße, sondern auch für eine entsprechende Stimmung. Gerade eine Schauerbewölkung kann recht eindrucksvolle Regenschleier hervorbringen. Das wirkt dann sehr elementar.

Die folgende Zeichnung soll dies skizzenhaft ins Bild bringen. Eigentlich passiert hier nichts weiter als eine energische Strichelei. Allerdings müssen unbedingt die Schwerpunkte richtig gesetzt werden. Es ist eine weite Landschaft mit einigen Gewässern, über die eine dunkle Wolke hinwegzieht. Solch eine schnelle Zeichnung wie diese vermag bereits einiges von der natürlichen Energie, die in Wasser steckt, aufzuzeigen.

Starker Regen

> *Material*
> - *Zeichenpapier, für Acrylfarben geeignet, 24 x 32 cm*
> - *Acrylfarben im gedämpften Grünbereich und Umbra*
> - *Pastellfarbe in Grüngrau*
> - *Kreide in Weiß*

Anleitung

Wie sieht er eigentlich aus, der starke Regen? Die einzelnen Tropfen sieht man nicht. Im freien Fall zeigen sie eine eher fadenförmige Erscheinung. Man sagt ja auch „es regnet Bindfäden". Die Fernsicht wird bei einem solchen Wetter stark beeinträchtigt. Auf Gewässeroberflächen und in Pfützen entstehen durch den Aufprall der Tropfen konzentrische Kreise, die sich rasch ausbreiten und wieder vergehen. Wie aber zeichnet oder malt man das ganze Geschehen?

Erster Schritt

Zunächst wird die ganze Bildsituation mit einfachen Umrisslinien festgelegt. Das geht ganz ohne Details. Es kommt am Ende ohnehin auf einen stimmigen Gesamteindruck an.

Das ganze Blatt wird nun mit einem graugrünen Pastellstift grundiert, wobei die Mitte möglichst frei bleiben soll. Dabei sind feine Übergänge der Intensitäten wichtig. Das Ganze wird nun kurz fixiert, um Verwischungen zu vermeiden. Die Farbigkeit entspricht jetzt ungefähr der Stimmung eines Regentages.

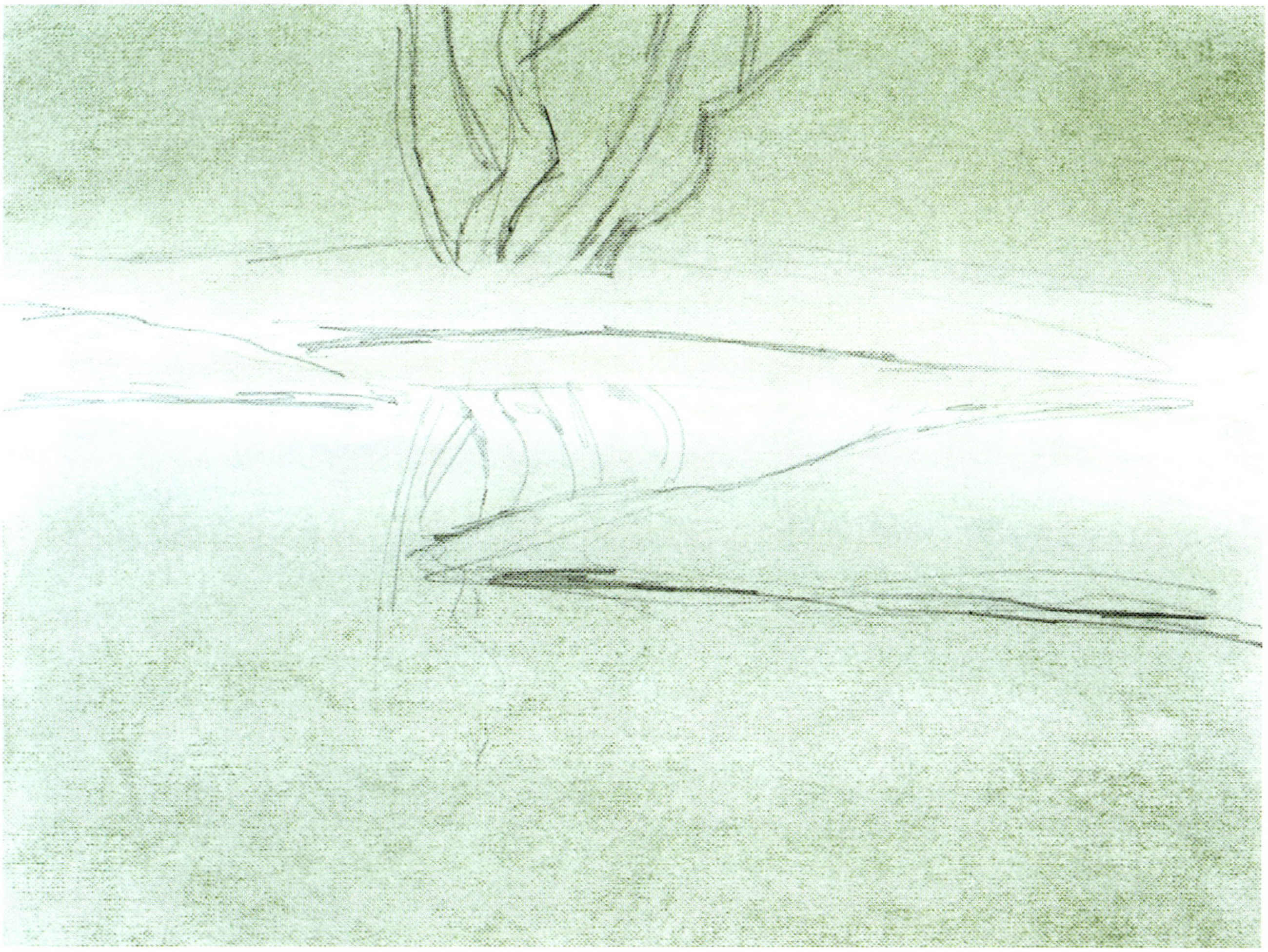

Zweiter Schritt

Nun kommen die Acrylfarben ins Spiel. Hier wird ganz aquarellhaft gemalt, mit wenig Farbeinsatz. So entstehen Land- und Wasserfläche und die angedeuteten Baumstämme. Dasselbe gilt auch für deren Spiegelung, die jedoch verzerrt und wenig deutlich erscheint. Mit einem feinen Pinsel können nun die Kreise gezeichnet werden. Hierbei kann ein Buntstift noch etwas nachhelfen. Die „Bindfäden" kommen zum Schluss. Sie verlaufen ein wenig schräg und deuten so die Heftigkeit des Regens an.

Starker Regen

Garten im Regen

> **Material**
> - Zeichenpapier in Grün, 30 x 34 cm
> - Bleistift
> - Kreide in Weiß
> - Pastellfarben in Grün und Rot

Anleitung

Wenn es regnet, freut sich vor allem die Vegetation. Sie scheint alles Wasser, das sich von oben ergießt, begierig aufzunehmen.

Ein Garten kann im Regen durchaus ein interessantes Erlebnis sein. Da sind die Geräusche und die vielen Tropfen, die selbst dann üppig aus dem Gesträuch fallen, wenn der eigentliche Regen längst aufgehört hat. Da verursacht jeder Windstoß noch nachträglich einen Tropfenschauer.

Erster Schritt

Auf dem getönten Papier wird mit Umrisslinien die Vorzeichnung aufgebracht. Ein Malvenblatt und eine Blüte sollen im Bild erscheinen. Sie werden deutlich zu sehen sein, während andere Blätter nur schemenhaft und als Andeutung sichtbar werden müssen.

Stiel und Blattwerk werden durch ein helles Grün gezeichnet. Die Blüte bekommt einen Rotton, der sich davon deutlich absetzt. Die ganze Szenerie ist so erst einmal sichtbar. Das vordere Blatt und die Blüte bilden dabei den Schwerpunkt.

Garten im Regen

Zweiter Schritt

Das Motiv wird nun weiter durchgezeichnet, wobei das vordere Blatt stärker hervorgehoben wird. Mit sehr dunklem Grün wird ein Hintergrund angelegt, der das ganze Pflanzengebilde räumlicher erscheinen lässt. Die Blüte bildet davor einen guten Kontrast. Sie bekommt noch durch eine weitere im Hintergrund Gesellschaft. Die wird aber nur angedeutet. Bisher war die Zeichnerei noch relativ großzügig. Mit den Wassertropfen geht es nun ins Detail. Die werden mit weißer Kreide im Blattbereich aufgetragen. Einige tropfen in der typischen Form herunter. Um hier Tropfen darzustellen, bedarf es wenig Mühe, außerdem sollte der Farbeinsatz zurückhaltend sein. Insgesamt werden die Wassergebilde unregelmäßig verteilt. Genauer gezeichnet bleiben sie auf den Vordergrund beschränkt. Der Regen selbst wird mit flüchtigen Kreidestrichen dargestellt.

Pfützen und Rinnsale

Überschwemmtes Land

Material
- Zeichenpapier, fest, in Grau, 30 x 42 cm
- Bleistift
- Pastellkreiden in Blau und Weiß
- Aquarellfarben in Grün- und Ockertönen

Anleitung
Zuviel Wasser von oben fließt nur langsam ab und führt zu Überschwemmungen.
Dabei entstehen Wasserlandschaften, die viele reizvolle Motive abgeben. Bekanntes Gebiet bietet nun einen völlig anderen Anblick.

Erster Schritt
Das Motiv ist nicht sehr kompliziert und bedarf nur weniger Linien als Vorzeichnung. Das Ganze ist eher eine Art Studie und wird ziemlich großzügig behandelt. Die Zeichnerei beginnt mit Blau. Himmel und Wasserflächen werden so ins Bild gesetzt. Das Weiß der Wolken kommt hinzu und spiegelt sich im Wasser. Dabei bleibt vom grauen Untergrund so viel stehen, dass dieser Farbton im Gesamtbild eine große Rolle spielt.

Zweiter Schritt
Das gegenüberliegende Flussufer ist mit Gesträuch und Bäumen bewachsen. Diese Partie wird mit Aquarellfarben gestaltet. Die farbigen Abstufungen bleiben dezent und vermitteln einen herbstlichen oder winterlichen Eindruck. Einzelne Bäume bleiben angedeutet. Hier werden kaum Details angebracht. Die Spiegelung ist wichtig. Es reicht aus, sie knapp zu halten. Die drei Birken im Vordergrund werden mit weißer Kreide gezeichnet und heben sich gut vor dem Hintergrund ab. Im Bild erscheint das gröbste Geäst, und das reicht völlig aus. Einige Aquarellstriche artikulieren den Vordergrund mit Andeutungen halbversunkener Gräser. Die dunklen Stellen der Birkenrinden werden ebenfalls mit Aquarell sichtbar gemacht.

Überschwemmtes Land

Pfützen und Rinnsale

Waldquelle

Material
- *Zeichenpapier, feste Qualität in Weiß, 50 x 70 cm*
- *Pastellstifte in verschiedenen Farben, vor allem Grau- und Grüntöne*
- *Zeichenkreide in Schwarz*
- *Zeichenkohle, weich, in Schwarz*

Anleitung

Regen, Wassertropfen, Pfützen und Rinnsale ergießen sich in Bäche und Flüsse und lassen diese anschwellen. Aber wo kommen die Bäche eigentlich erst einmal her? Was sich in den Quellgebieten tut, wirkt meist wenig spektakulär. Häufig sind es ganz bescheidene Anfänge, aus denen sich Erstaunliches entwickelt.

Bei diesem Motiv handelt es sich um eine Quelle im Wald, die recht versteckt liegt. Die ganze Szenerie wirkt ein wenig verwunschen. Die Quelle wird nur durch ein Rinnsal sichtbar, scheint aber nicht alles zu zeigen. Unten gibt es eine Wasserstelle, die ziemlich tief zu sein scheint, und den Anfang eines Baches, eines kleinen Flusses, bildet. Die Umgebung wirkt düster und unzugänglich. Licht bekommt nur der graue Fels und ein Teil der Wasseroberfläche ab. Oben, im Hintergrund, eröffnet sich ein Ausgang; es wird dort heller.

Die Arbeit beginnt ohne Bleistiftvorzeichnung. Das Format ist so groß, dass gleich mit den Pastellstiften begonnen werden kann. Außerdem ist die Bildvorstellung für eine genaue Vorzeichnung noch zu wenig konkret. Es soll eine Quelle dargestellt werden – wie sie am Ende aussieht, wird sich noch zeigen. Zunächst entstehen Felsen. Vordergrund und Mittelgrund haben damit massive Bildelemente. Nach und nach werden die Wurzeln um die Felsen herum gemalt. Sie werden immer mehr und verschlingen sich. Bäume oder Sträucher werden nicht sichtbar. Zeichenkreide und -kohle sind für dieses Wurzelwerk sehr geeignete Instrumente. Lichtere Stellen und Moosbewuchs werden durch wenig Grün ins Bild gebracht. Jetzt werden die Felsen weiter strukturiert. Sie werden massiver und mit Rissen und Vorsprüngen realistischer. Die Wasserfläche wird durch ein tiefes, klares Grün markiert. Das Rinnsal auf der rechten Seite wird mit weißer Kreide eingezeichnet, ebenso die Kringel auf der Wasseroberfläche. Die ganze Arbeit bedeutet recht viel Zeichnerei, die sich aber ziemlich frei entfalten kann. Hier spielt die Fantasie eine große Rolle.

Waldquelle

Fließendes Wasser

Kleiner Fluss

Material
- Skizzenpapier, 30 x 40 cm
- Kohlestift, weich

Anleitung

Flüsse haben bei uns häufig einen regulierten, begradigten Lauf. Es wird uns erst allmählich bewusst, welche negativen Auswirkungen das haben kann. Umso sehenswerter sind Flussläufe, die noch unverändert und in ihrer natürlichen, gewundenen Form geblieben sind. Sie bieten eine Fülle von Motiven.

Wir sind von den Regentropfen ausgegangen. Rinnsale und Pfützen folgten. All das Wasser fließt natürlich weiter in Gräben, Bäche und schließlich in Flüsse. Diese können groß oder klein sein, ruhig dahinfließen oder eine reißende Strömung haben. Die Auswahl der lohnenden Motive ist unüberschaubar und reizvoll.

Hier handelt es sich um einen kleinen Fluss, der ruhig in Mäandern dahinfließt. Die Studie versucht das mit wenigen Mitteln zu erfassen. Alles beginnt ohne jede Vorzeichnung. Die Kohlestriche sind rasch und beherzt und erfassen in wenigen Linien den Lauf des Flusses. Bäume und Ufer werden dabei gleich mit einbezogen. Details, wie Geäst der Bäume oder die Gräser, bleiben nur eben angedeutet. Zur Darstellung des Wassers wird die Spiegelung von Ufern und Bäumen wichtig. Hierzu genügen einige Linien und schon wirkt alles recht vollständig. So entsteht eine Wasserimpression mit wenig Aufwand.

Stromschnellen

> **Material**
> - Zeichenpapier, fest, in Siena, 50 x 65 cm
> - Bleistift
> - Pastellstifte, große Auswahl, unterschiedliche Härten, in Blautönen, diversen Grüntönen, Grau und Weiß

Anleitung

Ein Fluss mit Stromschnellen offenbart seine ganze Dynamik hörbar und bietet eine eindrucksvolle Szenerie. Hier ergeben sich ganz viele interessante Ansichten, die lohnende Motive sein können. Das Wasser fließt in eine bestimmte Richtung, und zwar sehr schnell. Bewegtes Wasser zu zeichnen ist immer eine etwas schwierige Aufgabe und verlangt einige Überlegung, wenn die direkte Anschauung fehlt. Die Fließrichtung muss im Bild deutlich werden. Dasselbe gilt für die Geschwindigkeit, mit der das Wasser dahinströmt. Die Bewegung verlangt alle Aufmerksamkeit. Pastellstifte eignen sich für dieses Vorhaben ganz hervorragend. Sie verbinden zeichnerische und malerische Elemente. Die Darstellung von Bewegung fällt erheblich leichter als mit Farbe und Pinsel. Hier kann sich die Hand recht zügig bewegen und mit dem Stift alle möglichen Bewegungen ausführen. Dazu erlaubt das Material rasche Korrekturen. Die Möglichkeiten des Verwischens und zugleich harter Konturen sind ebenfalls sehr willkommen.

Erster Schritt

Hier ist die Vorzeichnung wichtig. Es sind etliche Bildelemente an die richtige Stelle zu bringen. Der Verlauf des Flusses muss stimmig sein. Die Komposition des Ganzen verdient viel Aufmerksamkeit. Die Vorzeichnung besteht aus einfachen Umrisslinien. Jetzt kommt eine eher malerische Arbeit. Der Himmel erhält relativ starke Blautöne, die zum Hintergrund hin stark aufgehellt werden. Die Wolkenflächen bleiben soweit wie möglich frei. Die feine Farbabstufung des Himmels kann leicht durch Verwischen und erneutes Überzeichnen erreicht werden. Die Uferpartien kommen danach ins Bild, bleiben zunächst aber noch etwas undeutlich.

Fließendes Wasser

Zweiter Schritt

Himmel und Ufer werden weitergearbeitet und die Felspartien erscheinen in Grautönen. Die Wasserfläche des Hintergrundes ist noch ziemlich einfach zu zeichnen. Das wird im Vordergrund ganz anders. Hier kommt Bewegung ins Spiel. Die Turbulenzen des Wassers werden erst einmal nur in Weiß ins Bild gebracht. Die klaren Wasserflächen sind sehr diffus verteilt. Die weißen Schaumstreifen bilden darüber einen starken Kontrast. Von ihrer Darstellung hängt viel Wirkung ab.

Dritter Schritt

Noch einmal wird der Himmel überarbeitet. Er erhält sein endgültiges Aussehen. Das gilt auch für den Hintergrund, der treffend differenziert sein soll. Bäume und Felsen des mittleren Bildteils kommen also detaillierter ins Bild. Die Felspartien des linken Ufers werden exakter herausgearbeitet. Hier herrschen Grautöne vor. Risse und Kanten werden gezeichnet und geben allem eine feste Struktur. Hauptaufgabe bleibt das Wasser. Die klaren Wasserteile werden mehrfach mit Blau- und Grüntönen überarbeitet. Das Wasser soll auch wirklich klar und rein erscheinen. Die weiße Kreide kommt intensiv zum Einsatz bis die Schaumstellen an der richtigen Stelle liegen. Diese Zeichnung ist relativ kompliziert, kann aber mit dem aufgeführten Material zügig ausgeführt werden. Flüsse dieser Art finden sich viel in Skandinavien und Kanada, sind also für bestimmte Landschaften typisch.

Stromschnellen

Fließendes Wasser

Wasserfallstudie

Material
- Skizzenpapier, 30 x 40 cm
- Kohlestift, weich

Anleitung

Gewässer, auch Wasserfälle, lassen sich auf eine sehr einfache Weise zeichnen. Dabei bleibt der Bereich des Wassers ganz frei stehen. Dies wird hier vom hellen Untergrund unterstützt. Gezeichnet wird also nur die Umgebung des Wassers. Hier wird der ganze Bereich von Berg und Felsbrocken mit schnellen Kohlestrichen ins Bild gebracht. Auf Details kommt es dabei nicht an. Die ganze Wirkung beruht auf Kontrasten und deren Verteilung im Bildformat. Auf ähnliche Weise lassen sich viele Wasserlandschaften zeichnen. Der Trick besteht darin, möglichst wenig ins Wasser hineinzuzeichnen und stattdessen die Umgebung als Kontrast aufzubauen.

Großer Wasserfall

Material
- Zeichenpapier, fest, in Blaugrau, 50 x 65 cm
- Bleistift
- Pastellkreiden in Grau-, Blau- und Grüntönen und in Weiß
- Zeichenkohle

Anleitung

Wasserfälle gehören zu den beeindruckendsten Flusslandschaften. Stromschnellen entfalten eine ungeheure Dynamik, ein schnelles Fließen über Unebenheiten, die Wellen machen und das Wasser zum Schäumen bringen. Hohe Felswände erlauben nur noch den freien Fall. Wenn wasserreiche Flüsse in Abgründe stürzen, entsteht ein tosendes Inferno, vor dem sich der Mensch recht klein fühlt. Ganz gewiss ist ein solcher Wasserfall ein interessantes Motiv. Bei der Darstellung ist einiges zu beachten. Es geht darum, die Dynamik des Geschehens einzufangen und das Ganze in eine Umgebung zu fassen, die stimmig ist. Der Blickwinkel spielt bei der Komposition eine große Rolle. Eine frontale Position ist recht ungünstig. Besser und eindrucksvoller gerät alles, wenn ein mehr seitlicher Blick angenommen wird. Gut geeignet für dieses Motiv sind wieder Pastellstifte, denn hier werden malerische und zeichnerische Wirkungen gebraucht.

Erster Schritt

Wieder beginnt alles mit einer Vorzeichnung. Auf dem dunklen Papier wird hierzu besser weiße Kreide genommen. Wichtig ist die Umgebung des Wasserfalls. Die große Felswand und die Brocken des Vordergrundes erscheinen in Umrissen. Details werden noch nicht angegeben. Die Malerei beginnt dann mit dem schmalen Streifen des Himmels. Kobaltblau wird zum Bergrand hin mit etwas Weiß aufgehellt. Weißes Gewölk zieht herauf.

Fließendes Wasser

Zweiter Schritt

Jetzt muss die gesamte Bergpartie genauer ins Bild kommen. Das Ganze hat durch die Färbung des Papiers bereits einen geeigneten Grundton, der auf großen Flächen erhalten bleiben kann. Nun müssen aber Licht und Schatten hinein. Die Felsen sollen auch eine Struktur bekommen, die sie wie Fels aussehen lässt. Dafür eignet sich gut der Kohlestift. Er hat eine relativ weiche Konsistenz. Flächen und Linien lassen sich gleichermaßen gut anlegen. Die Kenntnis darüber, wie Felsformationen verlaufen können, ist jetzt sehr hilfreich. Fehlt die direkte Anschauung oder reicht die visuelle Erinnerung nicht, können Fotos weiterhelfen. Für diesen Abschnitt der Zeichnung gilt: nicht zu viel und nicht alles gleichmäßig mit Linien versehen! Hellere Partien können mit wenig Weiß dargestellt werden.

Dritter Schritt

Die Felswand im Hintergrund soll kräftig dunkel wirken. Mehr Helligkeit findet sich auf der rechten Seite. Die großen Brocken im Vordergrund bekommen etwas Grün auf die Oberseiten, das Moose und Flechtenbewuchs andeuten soll. Die ganze Aufmerksamkeit gehört nun dem Wasser. Hier kommt viel Weiß ins Spiel. Das wird aber differenziert aufgetragen, in verschiedenen Schichten. Die Konturen des Falles bleiben im oberen Bereich scharf und verschwimmen nach unten hin, wo viel Gischt aufstiebt. Grün- und Blautöne kommen dorthin, wo der Fall in einem Bergfluss mit Stromschnellen endet. Hier soll wieder eine schnelle Strömung dargestellt werden. Umsichtige Zeichnerei ist da erforderlich. Gischt wird durch Verwischungen von Weiß sichtbar gemacht. Wenn diese Partien wie Dampf oder Nebel aussehen, ist die gewünschte Wirkung erreicht. Die Grenzen zwischen Fels und Wasser verlangen unterschiedliche Behandlung. Da entstehen einmal harte Kontraste, dann wieder verwaschene Übergänge, wo Wasser und Gischt das Gestein überspülen. Die ganze Zeichnung wird jetzt noch einmal auf Stimmigkeit überprüft und dort überarbeitet, wo Intensitäten fehlen. Das Ganze mag eine etwas düstere Szenerie sein, zeigt aber zugleich die Dynamik des Wassers als Naturkraft.

Großer Wasserfall

Fließendes Wasser

Kleine Insel

> **Material**
> - Malpapier, fest, für Acrylfarben geeignet, in Weiß, 24 x 30 cm
> - Pastellstifte in Graugrün, Gelb und Weiß
> - Acrylfarben in einer größeren Auswahl
> - Kreide in Weiß

Anleitung

Größere und kleinere Inseln gibt es in vielen Binnenseen. Manchmal nur wenige Quadratmeter groß, bieten sie dennoch einen reizvollen Anblick. Dieses Motiv ist ziemlich einfach gehalten. Es geht hier nicht so sehr um eine genaue Darstellung als vielmehr um eine Stimmung. Die soll mit möglichst wenigen Mitteln zum Ausdruck gebracht werden. Auch eine Insel, also eigentlich Land, ist eine Wasserdarstellung.

Erster Schritt

Die äußerst knappe Vorzeichnung bringt nur die Insel in Umrissen ins Bild. Dazu kommt noch eine Horizontlinie als hintere Begrenzung. Dann geht es weiter mit den Pastellfarben. Graugrün ist genau der richtige Farbton. Im oberen Bereich wird er ganzflächig aufgetragen, wobei der Kreis der Sonne frei bleiben muss. Im unteren Bereich wird der Farbton nach vorn hin kräftiger, zum Horizont hin bleibt alles hell. Die Sonne bekommt eine gelbe Umrandung und kommt selbst weiß ins Bild. Im Wasserbereich wird ihr Wiederschein als helle, senkrechte Fläche angelegt. Um mit Acryl weitermalen zu können, wird nun alles kurz fixiert.

Zweiter Schritt

Jetzt beginnt ein neuer Abschnitt, nämlich die Malerei mit den Acrylfarben. Zunächst kommt die Insel mit Gebüschen und Bäumen ins Bild. Graugrüne Farbtöne und wenig Umbra lassen sie als kompaktes Ganzes auf dem Wasser schweben. Die Spiegelung verleiht ihr den notwendigen Halt. Im Hintergrund wird ein dunkler Streifen angelegt, der ein entferntes Ufer andeuten mag. Die Wasseroberfläche soll eine leichte Wellenbewegung zeigen. Und da wird es etwas schwieriger! Man nimmt nur wenig Farbe auf den Pinsel. Die Bewegungen mit dem Pinsel sollen möglichst fließend und weich geschehen, wobei der Druck auf die Unterlage variieren soll. Die kleinen Wellen enden nach oben hin scharf, nach unten hin entstehen weiche Übergänge.

Die helle Spiegelung der Sonne wird mit weißer Kreide partiell aufgebracht. Insgesamt entsteht so eine Gegenlichtposition. Die verhaltene Farbigkeit und der Verzicht auf genaue Details ergeben eine ruhige Stimmung. Das kann ein trüber Tag sein oder ein nebliger Morgen, alles ein wenig melancholisch.

Kleine Insel

Stehende Gewässer

Moorgewässer

Material
- Zeichenpapier, feste Qualität, in Weiß, 26,5 x 35 cm
- Bleistift B2

Anleitung

Intakte Moore gibt es nur noch selten. Wo sie sind, bewegt man sich in eigenartigen Landschaften. Irgendwie ist hier alles stiller. Die Unwegsamkeit macht einsam. Größere und kleinere Tümpel erscheinen dunkel und unergründlich tief.

Man muss darauf achten, wohin einen der nächste Schritt führt. Charakteristisch für Moore sind ihre Gewässer. In ihnen spiegelt sich der Himmel. Und man weiß, dass sie gefährlich sind.

Die folgende Studie befasst sich mit einer Moorlandschaft. Die Ufer des Tümpels sind vertorft und zeigen sich recht dunkel. Das wird mit energischen Bleistiftstrichen angedeutet. Die Gräser werden mit wenigen, raschen Linien unterschiedlicher Länge ins Bild gesetzt. Die beiden Birken werden ebenso leicht gezeichnet. Die charakteristische Rinde macht sie sofort kenntlich. Das Laub entsteht nur andeutungsweise.

Für den Hintergrund genügen wenige Linien. Das Wasser wird nur durch die Spiegelung von Uferböschungen und Bäumen kenntlich. Das Ganze ist eine ausführlichere Skizze oder auch Studie, in der das Wasser der Hauptakteur ist.

Seen-
landschaft

> **Material**
> ◆ Skizzenpapier,
>   30 x 40 cm
> ◆ Kohlestift, weiche
>   Qualität

Anleitung

Seenlandschaften bieten mancherlei Eindrücke. Dies betrifft Wasser und Land gleichermaßen. Beides zusammen ergibt die harmonische Gesamtwirkung.

Die Seenlandschaften Kanadas, Skandinaviens und Nordrusslands haben alle ungefähr die gleiche Entstehungsgeschichte. So sehen sie auch einander recht ähnlich. Das vorliegende Beispiel erfasst eine solche Landschaft skizzenhaft. Die Vogelperspektive ermöglicht einen weiten Blick, der dennoch nicht das Ende dieses Gewässers offenbart.

Die Zeichnung beschäftigt sich nur indirekt mit dem Wasser. Durch die Ufer erfährt der See seine Begrenzung. Die werden also gezeichnet. Hier wird dichte Bewaldung mit Nadelbäumen angedeutet. Das geschieht mit raschen Strichen, die ausreichend die Illusion von Bäumen vermitteln. Hier spielt der Ton des Papiers mit.

Stehende Gewässer

Bergsee

Material
- *Aquarellpapier in Weiß, 24 x 32 cm*
- *Aquarellfarben in einer größeren Farbauswahl*

Anleitung

Bergseen gibt es in vielerlei Gestalt. Ihre Umgebung macht sie zu einem besonderen Erlebnis. Ganz eingeschlossen von hohen Bergen haben sie manchmal etwas Dunkles und Geheimnisvolles. Dieses Aquarell entsteht ohne Vorzeichnung. Die Vorstellung legt die einzelnen Bildelemente nur ungefähr fest. Somit wird das Ergebnis etwas vom Zufall bestimmt sein. Die Malerei beginnt mit dem Vordergrund und beschäftigt sich dort mit der Darstellung eines Nadelwaldes, der die Hänge zum See bedeckt. Dahinter türmt sich dunkel eine größere Felswand. Der Hintergrund wird heller gehalten, was einen guten Kontrast macht. Da es eine ziemlich freie Arbeit ist, erhalten die Berge eine zufällige Form. Der Abstraktionsgrad bleibt aber noch gering. Der See selbst erscheint vor den hohen Bergen recht klein. Die Vogelperspektive verstärkt diesen Eindruck. Auch so können Landschaften, die vom Wasser bestimmt sind, gestaltet werden.

Bergsee

Stehende Gewässer

Klares Wasser

> **Material**
> - Papier, feste Qualität, für Acrylfarben geeignet, in Weiß, 27 x 35 cm
> - Acrylfarben in großer Auswahl, vor allem Siena, Umbra und verschiedene Grüntöne

Anleitung

Klares Wasser, Wasser, durch das man hindurch sehen kann, ist ein Symbol für Reinheit. Es macht angenehme Gedanken und Gefühle. Es eröffnet dazu noch eine andere Räumlichkeit, die Tiefe. Boote, die auf durchsichtigem Wasser schwimmen, scheinen sich in einem imaginären Raum zu befinden. Ein Bach, durch dessen Wasser man die Kieselsteine am Grund sieht, kann faszinieren.

Die bildliche Wiedergabe einer solchen Situation ist relativ schwierig. Rein technisch wird sie durch eine geeignete Auswahl von Malmitteln erleichtert. So sind Acrylfarben für eine transparente Malerei gut geeignet.

In diesem Beispiel werden die Felsbrocken und größeren Steine mit flüchtigen Umrisslinien aufs Papier gebracht. Mit einer leichten Sienamischung kommt alles Gestein ins Bild. Risse und Kanten werden mit Umbra gezeichnet. Die Wasserfläche wird nun mit Chromoxydgrün feurig oder Hookersgrün dünn ins Bild gebracht, wobei die Farbschicht über die meisten Steine hinweggeht. Dieser Vorgang wird öfter wiederholt, besonders dort, wo das Wasser tiefer werden soll. Der grelle Grünton wird mit wenig Siena abgedämpft. Dieses Verfahren wird so oft wiederholt, bis sich der gewünschte Effekt von Transparenz einstellt.

Stehende Gewässer

Nächtlicher See

Material
- Leinwand, weiß grundiert, 30 x 39 cm
- Bleistift
- Ölfarben im großen Sortiment, vor allem Umbra, Vandyckbraun, Kadmiumgelb, Blau- und Grüntöne

Anleitung

Die Nacht verzaubert eine Seenlandschaft und macht sie zu einer Umgebung voller Geheimnisse. Das Mondlicht scheint eine ganz andere Welt zu schaffen, die die Tagesansichten vergessen lässt. Hinzu kommt die große Stille. Die vorliegende Arbeit beginnt mit der üblichen Bleistiftvorzeichnung. Dann fängt man die Malerei mit dem Himmel an. Zum oberen Rand hin wird das Blau sehr dunkel. Zum hinteren Uferbereich hin hellt sich die Fläche hingegen über Grün- und Gelbtöne auf. Die ganze Malerei muss so erfolgen, dass die Übergänge wirklich allmählich sind. Keinesfalls sollen farbliche Kanten und Striche zu sehen sein. Der ganze Prozess wird im Wasserbereich noch einmal vorgenommen, hier aber spiegelbildlich. Im Bereich des Himmels bleibt die Fläche des Mondes ausgespart. Sind Himmel und Wasser stimmig, geht es mit dem Hintergrund weiter. Fichtengehölz wird dunkel angedeutet.

Im Mittelgrund wird die Arbeit differenzierter. Hier zeigen sich auch Bäume einzeln und in Gruppen. Vor dem Hintergrund erscheinen sie sehr dunkel und schemenhaft. Dazwischen bleiben hier und dort Lücken, durch die der hellere Hintergrund durchscheint. Zwischen den dunklen Elementen leuchtet das Herbstlaub einiger kleinerer Bäume und Sträucher hervor. Da die Wasseroberfläche sehr ruhig ist, entsteht auch eine ziemlich exakte Spiegelung. Im Wasser befindet sich aber viel Gestein, das diese Spiegelung immer wieder unterbricht. Für die Steine werden vorwiegend Grautöne ausgewählt. Dabei werden die Oberseiten hell gemalt, da diese vom Mondlicht beschienen werden. Insgesamt ist diese Arbeit relativ anspruchsvoll, wobei interessante Details nicht so sehr im Mittelpunkt stehen. Es geht darum, die Gesamtstimmung, wie sie oben umrissen wurde, zu erfassen.

Nächtlicher See

Stehende Gewässer

Teich im Wald

Material
- Zeichenpapier, feste Qualität in Weiß, 26,5 x 34,5 cm
- Bleistift 2B

Anleitung

Tümpel und Teiche im Wald haben etwas ähnlich Geheimnisvolles wie Moorgewässer. Sie wirken häufig düsterer, weil durch die Baumkronen zu wenig freier Himmel zu sehen ist. Umstanden von hohen Bäumen sind sie dem Wind kaum ausgesetzt. Ihre Oberfläche ruht also. Diese Zeichnung ist wieder eine Studie, die mit wenig Aufwand gemacht werden kann. Dabei wird versucht, das Wesentliche zu erfassen und die unzähligen Details außen vor zu lassen. Dieser Weiher ist von Gebüschen umstanden, hinter denen sich hohe Bäume recken. Die Laubbereiche werden großzügig behandelt, ohne auf einzelne Blätter einzugehen. Es bleibt hier bei einer skizzenhaften Darstellung.

Licht- und Schattenstellen spielen eine wichtige Rolle, um Räumlichkeit zu erzielen. Im Wasser spiegelt sich der gesamte Uferbereich mit den hohen Bäumen im Hintergrund. Das wird ebenfalls skizzenmäßig behandelt, um den schnellen Eindruck zu erhalten.

Bebaute Gewässer

Hafenszene

Material
- Zeichenpapier, feste Qualität in Weiß, 26 x 37 cm
- Bleistift 2B

Anleitung

Häfen geben immer etliche malerische Szenen ab, sofern man sich außerhalb des Containerterminals umschaut. Es gibt Stellen, die von der allgemeinen hektischen Betriebsamkeit nicht so aufdringlich berührt werden. Es ist also Zeit, dort in Ruhe Studien zu machen oder die Atmosphäre auf sich wirken zu lassen.

Diese kleine Studie wird mit weichem Bleistift angefertigt. Dabei liegen die Bildobjekte so, dass ein möglichst harmonischer Eindruck entsteht. Das betrifft hauptsächlich die Stellung der Schiffe zueinander. So liegt der Bildschwerpunkt etwa zwischen ihnen. Die Objekte werden mit Bleistiftlinien so umrissen, dass sie ihre stimmige Gestalt annehmen. Bei Schiffen gibt es jede Menge Details, die hier jedoch nicht ausgearbeitet werden sollten. Die Perspektive kommt dieser Absicht entgegen. Der Himmel wird durch schnelle Strichelei ins Bild gebracht.

Allein das Wasser macht da mehr Arbeit. Hier entsteht eine leichte Wellenbewegung. Am Ende ergibt sich eine Situation, die sehr ruhig erscheint. Über allem liegt ein leichter Dunst, der die Kontraste weich macht.

Bebaute Gewässer

Häuser am See

Material
◆ *Zeichenpapier, feste Qualität, 14,5 x 22,5 cm*
◆ *Tusche in Schwarz*
◆ *Pinsel, Größe 8*

Anleitung

Es ist schon etwas Besonderes, an einem Fluss, See oder am Meer zu wohnen. Die Binnenseen sind entsprechend beliebt. Offenbar lässt sich hier ruhig verweilen. Zu einem harmonischen Eindruck gehört natürlich eine Architektur, die sich anpasst. Alte Bauten wirken da oftmals besser als viele neue. Hier ergeben sich auch für Malerei und Zeichnung reizvolle Motive.

Dies ist eine kleine Skizze, die mit Pinsel und Tusche ausgeführt wird. Zur Sicherheit kann eine flüchtige Bleistiftvorzeichnung angefertigt werden, da die Tusche Korrekturen kaum zulässt. Hier wird auf diesen Schritt jedoch verzichtet und die Tusche gleich auf das Papier gebracht. Dabei braucht man ein wenig Gefühl für die richtige Stelle. Wichtig: Der Pinsel erledigt seine Arbeit am besten, wenn er fast trocken, also nicht satt mit Tusche durchtränkt ist. Auf diese Weise können Klecksereien vermieden werden.

Das Ganze bleibt äußerst sparsam, eben skizzenhaft, was einer Vorstellung oder flüchtigen Erinnerung entspricht. Wenige Linien reichen aus, um einen bildhaften Eindruck dauerhaft festzuhalten.

See und Stadt

> **Material**
> ♦ Karton, einfache Qualität, leicht getönt, 21 x 34 cm
> ♦ Aquarellfarben in größerer Auswahl, besonders Rot- und Blautöne

Anleitung

Es gibt Städte, die direkt am Meer liegen oder an größeren Seen. Sie erscheinen offener und eher von einem frischen Wind durchweht. Sie stehen für eine bestimmte Atmosphäre, die reine Binnenstädte nicht haben können. Seestädte bieten auch besondere Motive.

Dieses Aquarell wird auf einfachem Karton, es kann die Rückseite eines Aquarellblocks sein, angefertigt. Die Malweise ist rasch. Man braucht relativ viel Pigmente und Wasser, da der Karton die Flüssigkeit gierig aufsaugt. Das Ganze beginnt ohne Vorzeichnung.

Zuerst entsteht das Blau des Himmels mit einer scharfen, unregelmäßigen Begrenzung am unteren Rand. Hier beginnen die Dächer der Häuser. Jetzt wird die Stadtansicht gemalt. Dabei wird das meiste nur angedeutet. Scharfe Konturen, Lichter und Schatten ergeben allmählich den Eindruck einer Stadt. Mit der Wasserfläche wird ebenso verfahren wie mit dem Himmel. Die Fläche wird wenig differenziert. Spiegelungen werden nur sparsam angedeutet. Auf diese Weise entsteht das Panorama einer Stadt, die an einem See liegt.

Bebaute Gewässer

Häuser am Fluss

> **Material**
> - Leinwand, feste Qualität, weiß grundiert, 30 x 40 cm
> - Bleistift
> - Ölfarben in größerer Auswahl, vor allem Blau- und Grüntöne

Anleitung

Wohnen am Fluss – das hat was. Wo aber Häuser stehen, Dörfer oder Städte gebaut sind, fließen Flüsse kaum in ihrem natürlichen Lauf. An den Ufern befinden sich Deiche und andere Befestigungen, die vor Hochwasser schützen sollen. Die Flüsse sind so meist eingezwängt und unterscheiden sich kaum von Kanälen. Vieles von dem, was man da früher für nützlich hielt, stellt sich heute als fragwürdig heraus. Aber auch diese zwangszivilisierten Flüsse bergen noch manches schöne Motiv, das zu malen lohnt.

Erster Schritt

Das Motiv wird zunächst mit Umrisslinien auf den Malgrund gebracht. Hier erscheint alles schon so angeordnet, dass keine Korrekturen mehr notwendig sind. Die Perspektive spielt in dieser Darstellung eine wichtige Rolle. Die Szenerie erscheint wie von einer Brücke aus gesehen. Der Blick erfasst die Biegungen des Flusses mit seinen befestigten Ufern und allen Einzelheiten, die sich in Flussnähe befinden. Die Malerei beginnt dann mit einem leichten Kobaltblau, das noch freie Flächen für einige kleine Wolken lässt.

Zweiter Schritt

Der Bereich von Bäumen und Sträuchern nimmt relativ viel Raum ein. Hierzu wird ein helles, mit etwas Ocker gemischtes Grün genommen. Es entsteht ein gebrochener Farbton, der nicht zu grell und aufdringlich wirkt. Der Farbton wird nicht gleichmäßig aufgetragen. Eine rasche Malweise mit fast trockenem Pinsel lässt die Flächen locker und differenziert erscheinen.

Für die Spiegelung wird ein kühlerer Farbton genommen. Auch der wird rasch mit wenig Farbeinsatz aufgetragen. Das Motiv erscheint nun schon recht vollständig in gedämpften Farben.

Häuser am Fluss

Dritter Schritt

Die Malerei entwickelt sich vom Hintergrund her. So wird erst einmal der Himmel fertig gemalt. Dann folgt die Spiegelung des Himmels auf der Wasseroberfläche. Bäume und Sträucher des Mittelgrundes kommen nach und nach an die Reihe. Sie werden hier als Gesamtheit aufgefasst und wenig detailliert behandelt. Die großen Bäume am linken Ufer geraten mit etwas Gezweig strukturierter. Licht und Schatten spielen eine zusätzliche Rolle, kommen aber eher verhalten ins Bild. Nun wird die Spiegelung weiter ausgearbeitet. Es fehlen noch die Häuser im Hintergrund. Sie sind durch die Sträucher weitgehend verdeckt. Sie machen wenig Arbeit und kommen somit sehr schnell ins Bild.

Wellen

Sanfte Wellen

> **Material**
> - Zeichenkarton in Grüngrau, 20 x 30 cm
> - Pastellstifte in gedämpften Grüntönen
> - Zeichenkreide in Weiß

Anleitung

Das Zeichnen von Wellen scheint zunächst ziemlich schwierig zu sein. Sie haben auch eine ganz unterschiedliche Gestalt. Sie können klein und sanft aussehen und wirken trotz der Bewegung recht ruhig. Größere Wellen haben viele kleine auf sich aufgebuckelt, die wiederum in ständiger Bewegung sind. Diese Bewegungen scheinen in unendlicher Abfolge stattzufinden.

Das alles wird zu einem faszinierenden Schauspiel, das so schnell nicht langweilig wird. Was die Anschauung angeht, so lässt sich eine Welle zwar eine Weile beobachten, aber nur innerhalb eines sehr begrenzten Zeitraumes. Man kann schlecht hinter ihr herlaufen, will man sie zeichnen. Allgemeines Wissen über Wellenbewegungen ist bestimmt recht nützlich. Aber noch besser sind die eigenen, zeichnerischen Versuche.

Hier geht es zunächst um sanfte Wellen, d.h. eigentlich um ihr Zusammenspiel. Dies lässt sich mit Pastell sehr gut herausarbeiten. Die Handbewegung verläuft entsprechend weich und geschwungen.

Die oberen Ränder der Wellen setzen sich relativ hart von ihren Vorgängern ab. Nach unten hin entstehen weiche Übergänge. Zum Schluss werden noch die Lichtreflexe hineingesetzt.

Brandung am Strand

> **Material**
> ◆ Zeichenkarton in Hellgrau, 29 x 39 cm
> ◆ Pastellstifte in Siena, Umbra, Weiß und vielen Blau- und Grüntönen

Anleitung

Es kann ein meditatives Erlebnis sein, Brandung zu beobachten. Es ist ein unaufhörliches Anbranden und Ablaufen, ein Spiel ohne Ende. Es ist schon recht faszinierend, wie sich die Bewegung der Wellen im Sand verliert. Die Darstellung dieses Geschehens scheint aber nicht so einfach zu sein. Die Bewegung soll erhalten bleiben und das auch bei einer Frontalansicht.

Das Motiv kann ohne Vorzeichnung begonnen werden. Zunächst fängt man bei der Darstellung von Himmel und Wolken an. Hier ist eine perspektivische Sicht nötig. Die Wolkengebilde werden folglich in der Ferne immer kleiner und das Himmelsblau hellt sich zum Horizont hin auf. Die Wasserfläche beginnt mit den Schaumkämmen der sich brechenden Wellen. Zum Dunkel des umgebenden Wassers sind sie ein starker Kontrast. Die Schaumstreifen auf dem Strand sind subtiler zu zeichnen. Wichtig bleibt auch hier die Perspektive. Mit kleinen weißen Streifen, die vom Vordergrund zum Hintergrund hin verlaufen, wird die perspektivische Sicht deutlich. Dabei ist die Anordnung entscheidend. Der Strand selbst macht geringe Mühe, da es sich doch um eine ziemlich homogene Sandfläche handelt.

Brandung am Strand

Mondnacht auf dem Meer

Material
- Zeichenkarton, festes Material, dunkel getönt, 30 x 40 cm
- Zeichenkreide in Weiß

Anleitung

Sonnenauf- und -untergänge, Mondnächte auf dem Meer, das sind recht elementare Erlebnisse. Außerdem klingt das sehr nach Romantik. Aber wie stellt man es dar, ohne es kitschig wirken zu lassen?

Dies geht schon mit den einfachsten Mitteln. Man braucht nicht mehr als das oben angegebene Material, um ein gutes Resultat zu erzielen. Die Zeichnerei beginnt hier mit der runden Mondfläche, dann folgt die Horizontlinie. Das Meer ist ruhig und die Wellen entsprechend sanft. Mussten im vorigen Beispiel die Wellen dunkler als ihre Umgebung gezeichnet werden, so ist es jetzt umgekehrt: Nur die hellen Stellen kommen ins Bild, und zwar so, dass der dunkle Papierton für die Darstellung der eigentlichen Welle sorgt.

Wichtig bleibt hier, den Zeichenstift so zu bewegen, dass eine Wellenbewegung wie von selbst entsteht.

Brandung an der Felsküste

Material
- Zeichenpapier in Grau, 34 x 42 cm
- Pastellstifte in Weiß, Blau- und Grüntönen

Anleitung

Die Art der Brandung hängt wesentlich von der Küstenformation ab. Da machen Sand oder Fels gewaltige Unterschiede. An einer Felsküste bricht sich die Energie der Wellen schlagartig mit einem großen Getöse – ein großartiges Schauspiel. Die malerische Darstellung verlangt auch hier einiges an Kenntnis der wirkenden Kräfte und wie sie sich optisch zeigen. Diese Abbildung soll eine Brandung an einer felsigen Küste oder an einer Klippe zeigen. Dabei wird ein Ausschnitt gewählt. Die anrollenden Wellen kommen mit Blau ins Bild. Sie sind so eine Art Hintergrund. Mit Grün und viel Weiß wird die sich brechende Welle gezeichnet. Die Bewegung muss dabei deutlich werden. Fels wird nur sehr dunkel angedeutet. Er wird fast ganz von der Welle überspült. Für die Darstellung von Gischt wird am besten ein recht weicher Pastellstift genommen. Hier werden mehrere Pigmentschichten übereinander gelegt. Zwischendrin muss unbedingt fixiert werden.

Das weite Meer

Wattlandschaft

> **Material**
> - Leinwand, weiß grundiert, 30 x 40 cm
> - Bleistift
> - Ölfarben in verschiedenen Blautönen, Grün, Gelb, Rot, Siena und Umbra

Anleitung

Die Grenze zwischen Land und Meer bietet faszinierende Ansichten. Beide zeigen sich in einer stets sich verändernden Form und Bewegung. So scheint auch manches ungewiss, die Festigkeit des Landes nicht gesichert. Dies ist auch eine Landschaft der rasch wechselnden Stimmungen und Farben. Besonders für die Malerei finden sich hier reichlich Themen. Vorherrschend ist die Waagerechte. Es ist eine Landschaft ohne alle herausragenden Objekte. Was bleibt der Malerei? Himmel, Wolken, Wasser und wenig ungewisses Land. Das erscheint erst einmal wenig. Und doch lässt sich hier malerisch ins Volle greifen! Es ist genau die Atmosphäre, die in all ihren Erscheinungen recht hohe Ansprüche an die bildliche Darstellung stellt.

Erster Schritt

Einige Linien, die für sich noch nicht viel erklären, machen den Anfang. Das Wichtigste ist die Horizontlinie. Wasserflächen werden nur eben angedeutet. Ihre endgültige Gestalt ergibt sich erst im späteren Malprozess. Erste Farbigkeit kommt in den Bereich des Himmels.

54

Zweiter Schritt

Der Bereich des Himmels wird weiter bearbeitet. Hier kommen jetzt die ersten Kontraste hinein. Vor einem hellen Abendhimmel stehen dunkle Wolkenbänke. Die Konturen sollen dabei stellenweise scharf sein, um dann wieder zu verschwimmen. Erste Farbigkeit unterhalb des Horizontes gibt schon etwas Boden unter den Füßen.

Dritter Schritt

Die Malerei begnügt sich mit einem sparsamen Farbauftrag. Stellenweise bleibt der Pinsel fast trocken. Etwas mehr Farbe kommt nun in den Himmel. Er wird nun fertig gemalt. Der Wasserbereich mit den Landfetzen bekommt kräftige Farbtöne. Hier kommt eine deutliche Wirkung nur über Kontraste zustande. Die Landflächen bilden zum Wasser hin scharfe Ränder. Etwas vom Licht des Himmels kommt über die Wasserflächen, sodass hier ein Schwerpunkt entsteht. Um den Horizont herum wird Weiß transparent aufgetragen. Das steht für Nebel. Nur im mittleren Bildteil bleibt alles klar.

Wattlandschaft

Das weite Meer

Segelboote

> **Material**
> - Zeichenpapier, feste Qualität, 14 x 22,5 cm
> - Bleistift
> - Tusche in Schwarz
> - Pinsel

Anleitung

Segelboote auf dem Meer sind ein wirklich schöner Anblick. Diese kleine Studie soll nur einen gefälligen Ausschnitt zeigen. Es ist eine Situations- und Stimmungsstudie.

Die Form des Segelbootes soll etwas genauer ausfallen. Deshalb wird eine kleine Vorzeichnung gemacht, die sich um dieses Boot kümmert. Was dann kommt, wird mit Tusche und Pinsel frei gezeichnet. Da kommt zunächst das Boot kräftig ins Bild. Im Hintergrund folgt ein kleineres. Wolken sind rasch angedeutet. Für diese Darstellung genügt das. Das Wasser braucht etwas mehr Aufmerksamkeit. Solch eine Studie ist rasch erarbeitet – auch dies eine Wasserimpression.

Zwei Fischer

> **Material**
> - Zeichenpapier, einfache Qualität, 25,5 x 33 cm
> - Tusche in Schwarz
> - Pinsel

Anleitung

Zu Wasser und Meer gehört natürlich auch die Fischerei. Nicht unbedingt die fabrikmäßige, sondern die, die an den Küsten mit kleinen Booten für den täglichen Bedarf geschieht. Die gibt es seit frühester Zeit, und sie hat nie irgendeinen Bestand gefährdet. Und auch malerisch bietet sie die weit reizvolleren Motive.

Dieses Beispiel zeigt eine kleine Szene:

Die Zeichnung wird ohne Bleistiftvorzeichnung begonnen. Damit nichts grob misslingt, wird der Pinsel vorsichtig gehandhabt. Auch hier wird mit wenig Tusche gearbeitet. So sind die ersten Linien eher zögerlich, um dann nach und nach dichter zu werden.

Boot und Fischer kommen recht kompakt ins Bild. Das Wasser ist ruhig und nur von kleinen Wellen gekräuselt. Der Pinsel wird dazu tupfend aufgesetzt.

Großes Segelschiff

> *Material*
> - *Leinwand, weiß grundiert, 30 x 40 cm*
> - *Bleistift*
> - *Ölfarben in Blau, Grün, Umbra, Kadmiumgelb und etwas Rot*

Anleitung

Größere Segelschiffe sind auf dem Meer ein eindrucksvoller Anblick. Das ist nicht reine Nostalgie, sondern hat auch etwas sehr Gegenwärtiges. Großsegler werden längst wieder gebaut und das aus den unterschiedlichsten Gründen. In den 80er Jahren hat man sie wieder entdeckt und technisch weiterentwickelt. In der seemännischen Ausbildung spielen sie immer noch eine wichtige Rolle. Großsegler wurden schon immer gern und in jeder Situation gemalt. Ein geradezu klassisches Motiv also.

Erster Schritt

Es handelt sich allerdings zugleich um ein Motiv, das nicht so einfach ist. Man muss wissen, wie so ein Schiff aussieht, wie es sich im Wasser bewegt, wie es getakelt ist. Die Perspektive spielt eine ganz wichtige Rolle, damit nicht alles aus den Fugen gerät.
Hier steht zu Beginn unbedingt eine Bleistiftvorzeichnung, die das Aussehen des Schiffes und seine Position im Bild festlegt. Kleinere Details bleiben dabei außer Acht. Die Malerei beginnt dann vom Hintergrund her mit dem Himmel. Der ist bedeckt, hat aber einen Lichtschein zwischen dem Gewölk. Davor wird das Schiff mit wenig Umbra ins Bild gesetzt. Das Wasser erhält seine Grundfarbigkeit, mit ersten Andeutungen von Wellen.

Zweiter Schritt

Der Himmel wird nun zu Ende gemalt. Er soll etwas trüb aussehen, wobei der Lichtschein einen starken Kontrast zum Gewölk bildet. Zum Horizont hin wird er dunkler und bildet in Horizontnähe einen sehr hellen Streifen.

Das Schiff soll nun körperlicher erscheinen. Dazu wird mehr Umbra genommen. Damit wird alles, auch die Segel, gemalt. Nach den größeren Flächen kommen die Details. Der Segler befindet sich genau vor der Hintergrundhelligkeit, also im Gegenlicht, was sein monochromes Aussehen bedingt. Das Wasser bekommt nun seine Intensität. Es wird eine ruhige Situation hergestellt mit kleinen Wellen. Vor dem Schiff wird noch der Wiederschein des Lichts deutlich gemacht. So entsteht ein ruhiges Bild mit einer leicht nostalgischen Stimmung.

Das weite Meer

Eismeer

Material
- Zeichenpapier in Graublau, 50 x 70 cm
- Bleistift
- Pastellstifte in Grün und Blau
- Zeichenkohle
- Zeichenkreide in Weiß

Anleitung

Das Wort „Eismeer" allein erzeugt bereits Vorstellungen von Kälte und Unwirtlichkeit. Eine Gegend, in der das Überleben ein wirkliches Kunststück ist. Gerade diese Unwirtlichkeit garantiert aber auch eine gewisse Unberührtheit und es ergeben sich viele interessante Motive. Eis bildet die verschiedensten Formen und Gebilde. Diese Zeichnung beschäftigt sich mit Eisbergen und Wasser. Die Farbigkeit ist dabei deutlich vorgegeben, kann aber vielfältig differenziert werden.

Erster Schritt

Es genügt eine grobe Vorzeichnung, die die Lage und Form der einzelnen Eismassen vorgibt. Die farbige Gestaltung beginnt mit dem Himmel. Der wird in dunklen Blautönen gezeichnet. Die Eisberge kommen zunächst mit Weiß in ihren Umrissen ins Bild.

Zweiter Schritt

Die Malerei beschäftigt sich nun ganz und gar mit den Eisgebilden. Licht- und Schattenseiten sind in dieser Darstellung sehr wichtig. Dadurch wird alles gut differenziert und bekommt eine notwendige Körperlichkeit. Blau- und Grüntöne kommen hier gut zum Einsatz. Weiß wird aber am meisten benutzt. Das Wasser wird sehr dunkel gemalt, um einen harten Kontrast zu erhalten. Es ist glasklares Wasser, in dem sich die Eisbrocken bis zu einer gewissen Tiefe mit den Augen gut verfolgen lassen. In diesem Teil muss die Zeichnung ausreichend subtil werden. Hellere Partien verlieren sich hier rasch in ganz dunklen. Dadurch entsteht der Eindruck großer Tiefe.

Eismeer

ISBN 3-8241-1097-0
Broschur, 64 Seiten

ISBN 3-8241-1206-X
Broschur, 64 Seiten

ISBN 3-8241-1110-1
Broschur, 64 Seiten

ISBN 3-8241-1164-0
Broschur, 64 Seiten

ISBN 3-8241-1174-8
Broschur, 64 Seiten

ISBN 3-8241-1175-6
Broschur, 64 Seiten

Lust auf Mehr?

Liebe Leserin, lieber Leser,
natürlich haben wir noch viele andere Bücher im Programm.
Gerne senden wir Ihnen unser Gesamtverzeichnis zu.
Auch auf Ihre Anregungen und Vorschläge sind wir gespannt.
Rufen Sie uns einfach an oder schreiben Sie uns.

Englisch Verlag GmbH
Postfach 2309 · 65013 Wiesbaden
Telefon 06 11/9 42 72-0 · Telefax 06 11/9 42 72 30
E-Mail info@englisch-verlag.de
Internet http://www.englisch-verlag.de